AF498125

LES

MUSIQUES BIZARRES

A l'Exposition de 1900

Les Musiques Bizarres

A l'Exposition de 1900

—✦—

JUDITH GAUTIER

LES
MUSIQUES BIZARRES

A l'Exposition de 1900

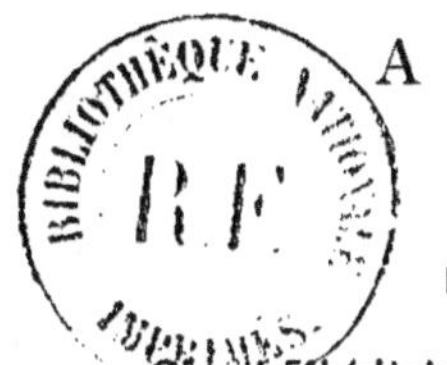

MUSIQUE ÉGYPTIENNE

Chant Khédivial — Danse de l'Abeille — Danse des Verres

TRANSCRITS

PAR

BENEDICTUS

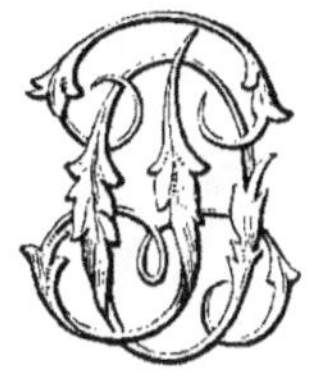

PARIS

LIBRAIRIE PAUL OLLENDORFF | ENOCH ET Cie
50, CHAUSSÉE D'ANTIN, 50 | 27, BOULEVARD DES ITALIENS, 27

1900

LA MUSIQUE ÉGYPTIENNE

La reconstitution, si savante et si admirable, de l'Égypte antique, sous les ombrages du Trocadéro, fait mentir le proverbe qui dit : « La montagne ne vient pas à vous. » Si ce n'est la montagne, toute une ville est venue. Temple, palais, théâtre, maisons, cafés, bazars, avec la foule pittoresque des races de toutes couleurs, la gaîté des costumes, la beauté ou l'étrangeté des types.

Il faut remercier et féliciter M. Ph.-F. Boulad, qui a fait édifier tout cet ensemble avec un tel luxe, un tel souci de l'art et de l'exactitude, un si évident et si rare désintéressement. Lui seul, peut-être, dans toute l'Exposition, n'a pas commis la faute d'introduire des éléments disparates dans un spectacle qui, autant qu'un divertissement, est un enseignement. M. Marcel Bourgnon, l'architecte qui a exécuté en perfection tous les travaux, mérite aussi des éloges.

Au-dessous des vivants, si remuants et si joyeux, il y a du silence et des morts. En des tombeaux, creusés et historiés comme ceux de la vallée de Biban-el-Molouk, des momies sont là, dérangées de leur séculaire sommeil, et qui seraient bien surprises, si quelque magicien pouvait les éveiller, d'être si loin de chez elles et de figurer, comme curiosité rare, à l'Exposition de 1900. La prophétesse de la déesse Neith, qui est étendue là, au milieu de ses bandelettes déroulées, n'avait certes pas prophétisé cet événement.

Il est bien regrettable que ces contemporains des Aménophis et des Rhamsès, soient irrévocablement muets, car eux seuls pourraient nous dire, ce qui survit du passé, dans l'Égypte moderne, qui travaille, vend, chante et danse, au-dessus des cryptes artificielles où ils continuent leur somme éternel, sous des veilleuses électriques.

La conquête arabe n'a pas tout effacé, sans doute, des traditions antiques. Bien des germes ont repoussé et fleuri à travers la civilisation moderne; les Pharaons sculptés, et peints sur les parois du théâtre, qui semblent regarder de leur grand œil fixe, pourraient reconnaître les danses qui charmaient leur désœuvrement, à l'époque ou ils régnaient sur l'Égypte.

Le théâtre, dont la façade reproduit celle du temple de Médinet-Abou, est vaste et très heureusement décoré de colonnes et de fresques polychromes. Quand le rideau se lève sur la scène, large et profonde, on est agréablement surpris par le tableau si coloré qu'il découvre, les groupes si nombreux, les types et les costumes si pittoresques.

Le décor représente un palais, où un roi de Perse, au milieu de son harem, assiste à une fête.

A droite, faisant face au trône, les musiciens sont assis par terre sur des nattes. Leur chef Abd Raboh, un très habile artiste, fameux dans son pays, fait un signe, et avec un bel ensemble, les instruments et les voix entonnent un chant khédivial, sans que le shah de Perse en soit offusqué, bien au contraire il prend les louanges pour lui.

> L'astre royal paraît à nos yeux,
> Comme l'aurore des jours heureux.
> Fier, il vient à nous, et sa présence
> Exauce tous nos vœux.
> C'est le roi juste et vertueux.
> Noble déjà par sa naissance,
> Dont la sagesse et la vaillance
> Honorent les nobles aïeux
>   Qu'il vive ! qu'il vive !
> Crions, amis, d'un cœur joyeux,
>   Qu'il vive ! qu'il vive !
> De longs jours glorieux
>   Vive notre khédive !

Ce chant, inédit, a été composé récemment et n'est pas
l'hymne khédivial officiel, trop connu, et noté depuis longtemps.
Celui-ci est intéressant par le mélange des éléments disparates
dont il est formé. L'influence étrangère est évidente dans le
chant lui-même, qui rappelle à la fois un cantique et les airs
nationaux de France ou d'Angleterre. Mais l'accompagnement
sautillant, qui interrompt plutôt qu'il ne soutient le thème, est
purement arabe et d'un effet très original. Les voix chantent à
l'unisson, d'octave en octave, du grave à l'aigu, avec une certaine molesse et une sorte d'indécision dans la mesure, qui est
voulue, puisqu'elle se reproduit toujours identique.

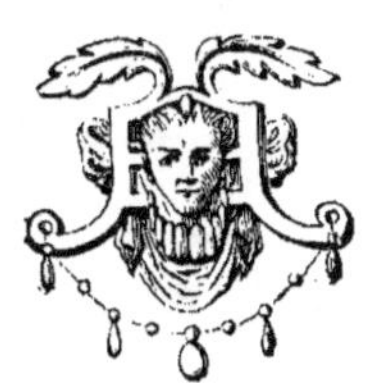

CHANT KHÉDIVIAL

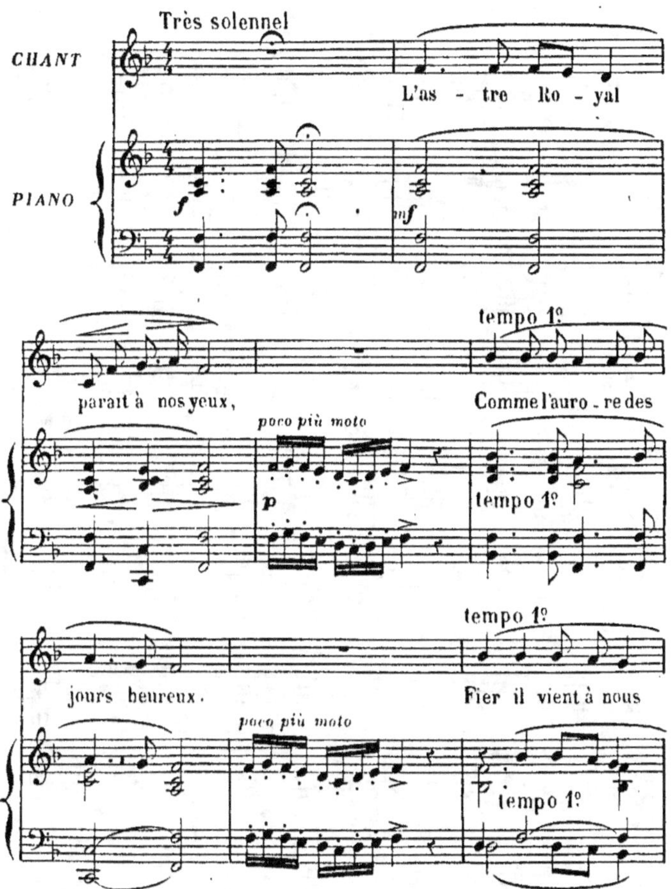

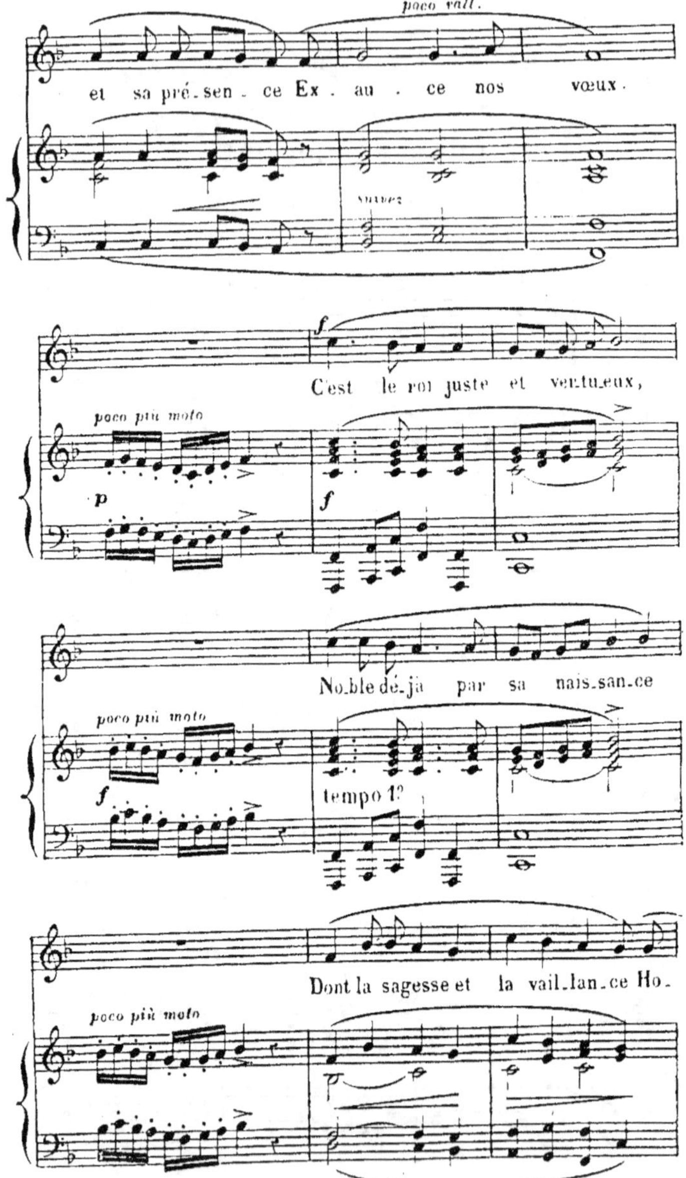
poco rall.
et sa pré.sen.ce Ex. au. ce nos vœux.
suivez
C'est le roi juste et ver.tu.eux,
poco più moto
p
f
Noble dé.jà par sa nais.san.ce
poco più moto
f
tempo 1?
Dont la sagesse et la vail.lan.ce Ho.
poco più moto

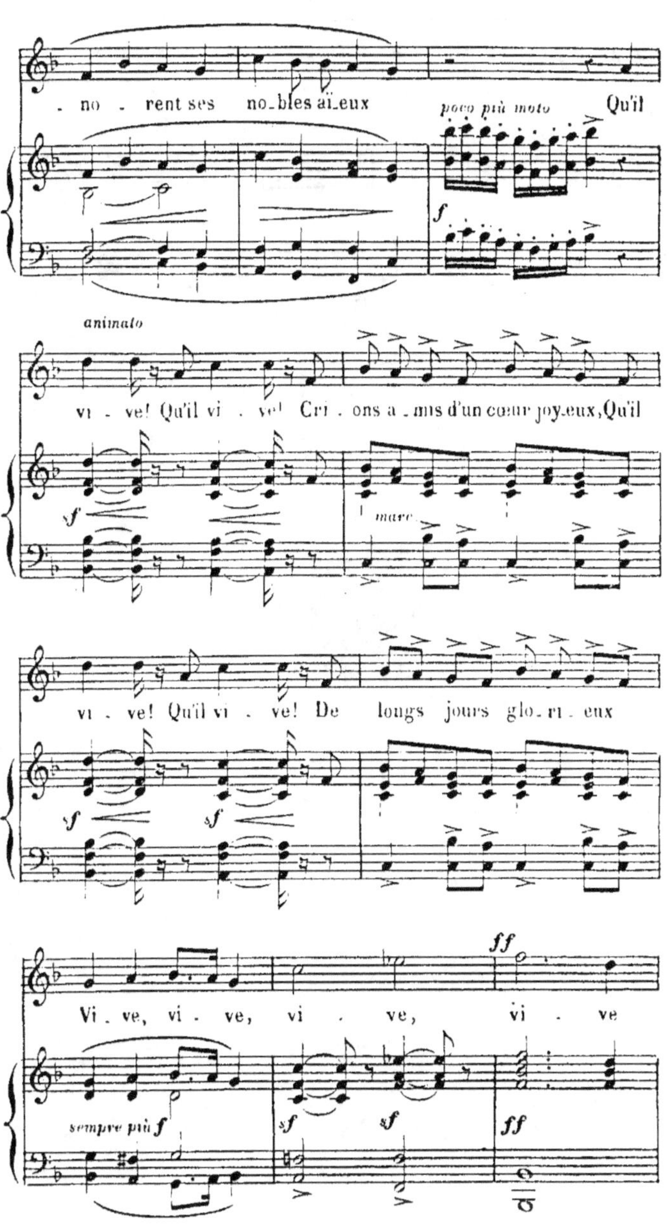
_ no _ rent ses no_bles aï_eux
poco più moto
Qu'il
animato
vi _ ve! Qu'il vi _ ve! Cri_ons a_mis d'un cœur joyeux, Qu'il
vi _ ve! Qu'il vi _ ve! De longs jours glo_ri_eux
Vi _ ve, vi _ ve, vi _ ve, vi _ ve

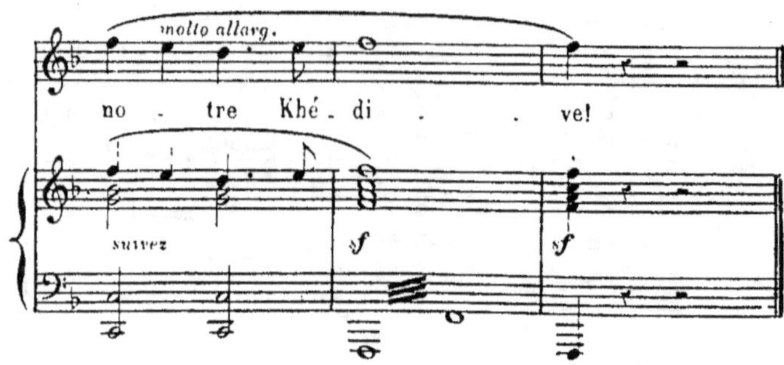
molto allarg.
no tre Khé di ve!
suivez
f
f

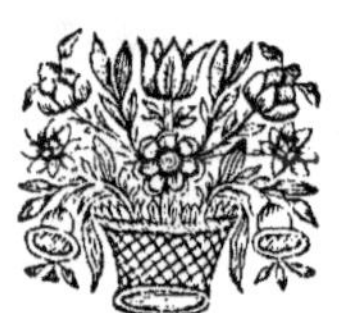

Maintenant, une des danseuses se lève, gracieuse et souriante : c'est Zohra, l'étoile de la troupe, une personne très habile dans son art et qui, au Caire, est fameuse. C'est elle qui a imaginé le pas de la gargoulette, dont Paris s'enthousiasma ; et aucune n'exécute avec plus de légèreté et de précision la danse si singulière que l'on appelle là-bas *danse nerveuse* ou *pas de l'abeille*, et seulement chez nous *danse du ventre*.

Zohra est une *Ghâziyé*, c'est-à-dire qu'elle appartient à cette tribu des *Ghâouazi* qui fournit à l'Égypte ses meilleures danseuses, et prétend être d'une race à part, descendre de la famille illustre des Barmécides, dont il est question si souvent dans les contes du temps d'Haroun-al-Raschid.

Que cela soit ou non, les Ghâouazi possèdent plus que tous autres les traditions de la chorégraphie ancienne ; au son des crotales, qu'elles choquent avec dextérité, elles reproduisent exactement la danse des femmes de Gadès, telle qu'elle est décrite par Martial, et par Juvénal ; et les bas-reliefs des tombeaux égyptiens, représentant des danseuses, semblent prouver que leurs traditions remontent plus loin encore, que dans les temps les plus reculés, même avant la fuite des Israélites, cette danse si particulière était commune à toute l'Égypte, et les Ghâouazi modernes pourraient bien descendre de ces danseuses antiques qui divertissaient les premiers Pharaons.

Comme il ne reste rien de la musique ancienne, il est difficile et même impossible de savoir si celle, qui accompagne aujourd'hui cette danse si lointaine, a quelque rapport avec celle qui la rythmait dans l'antiquité. L'analogie de certains instruments, sculptés sur le granit, avec ceux de l'orchestre arabe moderne, est la seule chose certaine.

La composition de l'orchestre arabe, auquel nous semblons avoir pris la plupart des instruments qui forment le nôtre, est, à cause de cela, particulièrement intéressante pour nous Il comprend :

L'E'OUD

qui est devenu pour nous le luth. C'est un instrument à sept cordes, que l'on pince à l'aide d'un plectre d'écaille, ou d'une plume d'aigle.

LE QANON et le SANTIR

formés d'une table d'harmonie sur laquelle les cordes sont tendues.

LE KISSAR

assez semblable à la lyre.

LE RÉBAB

à deux cordes, joué à l'aide d'un archet.

LA KÉMANGEH

d'origine persane.

Il en existe plusieurs sortes, dont l'une, la kémangeh roumy, ressemble presque absolument à notre violon.

Parmi les instruments à vent :

LE ZAMR

espèce de hautbois criard.

L'ERAQYEY

instrument persan, très singulier et très ancien.

LE NAY ET LE SOUFFARAH-CHABBABEH

flute et flageolet.

L'ARGHOUL et le SOUGGARAH

qui sont des musettes.

LE BENDYR, LE TAR, LE REQ, LE DARABOUKA

tambourins et tambours,

LES KAS

cymbales.

LES TOBILLETS ET LES NAGRAZANS

timbales de différentes sortes, sont les principaux instruments de percussion.

La gamme arabe est la même que la nôtre, avec quelque chose de plus : ces tiers de tons, que nous avons tant de peine à percevoir, qui nous semblent faux, et blessent notre oreille. On a même prétendu que ces intervalles irrationnels n'existaient que théoriquement ; c'est une erreur, car ces intervalles sont marqués d'une façon fixe sur la tablature des instruments. Ils sont assez rares, d'ailleurs, et peuvent être facilement ramenés aux sons justes de notre tonalité, sans que la mélodie perde rien de son caractère ; seulement, un arabe, en l'entendant ainsi modifiée, trouvera, à son tour, que nous chantons un peu faux.

La partie la plus originale, la plus savante et la plus compliquée de cette musique, est certainement l'ensemble des rythmes qui forment les accompagnements. Les tambours, de différentes dimensions, frappent, non pas un seul rythme, mais un mélange de plusieurs rythmes, dont les combinaisons, les contre-temps, les syncopes, les sonorités variées, composent une sorte d'harmonie rythmique, d'un effet très spécial. Ces accompagnements semblent, au premier abord, presque indépendants de la mélodie, qu'ils suivent et soutiennent, cependant, très exactement. Le beau batteur de Tar et de Darabouka, Abdel Hanid Mohamed, à travers l'enchevêtrement de ses rythmes, marque la mesure avec une imperturbable sûreté.

Encadrées dans d'assez vagues épisodes de la vie d'Antar, le héros noir, fils d'un émir et d'une négresse, qui, avant l'islamisme, illustra, comme guerrier et comme poète, une des tribus nomades de l'Arabie, les danses continuent, entrecoupées de duels, de combats, de scènes nuptiales. Après la Danse de l'Abeille, la Danse des Verres est la plus originale. La danseuse se couche sur le dos, pour l'exécuter, et ce sont les verres qui dansent sur sa poitrine, suivant la mélodie, de leurs chocs cristallins.

Une nouvelle pièce va succéder à *la Vie d'Antar*. Elle est intitulée *Une nuit à Bagdad* et contient de la musique nouvelle, prticulièrement intéressante, à laquelle nous consacrerons une autre étude.

Judith GAUTIER.

DANSE DE L'ABEILLE

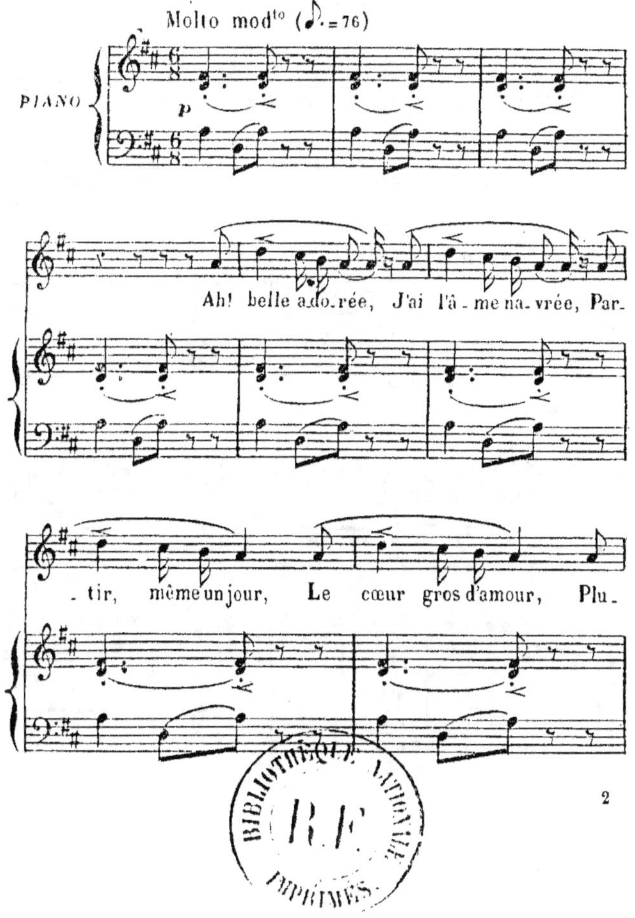

2

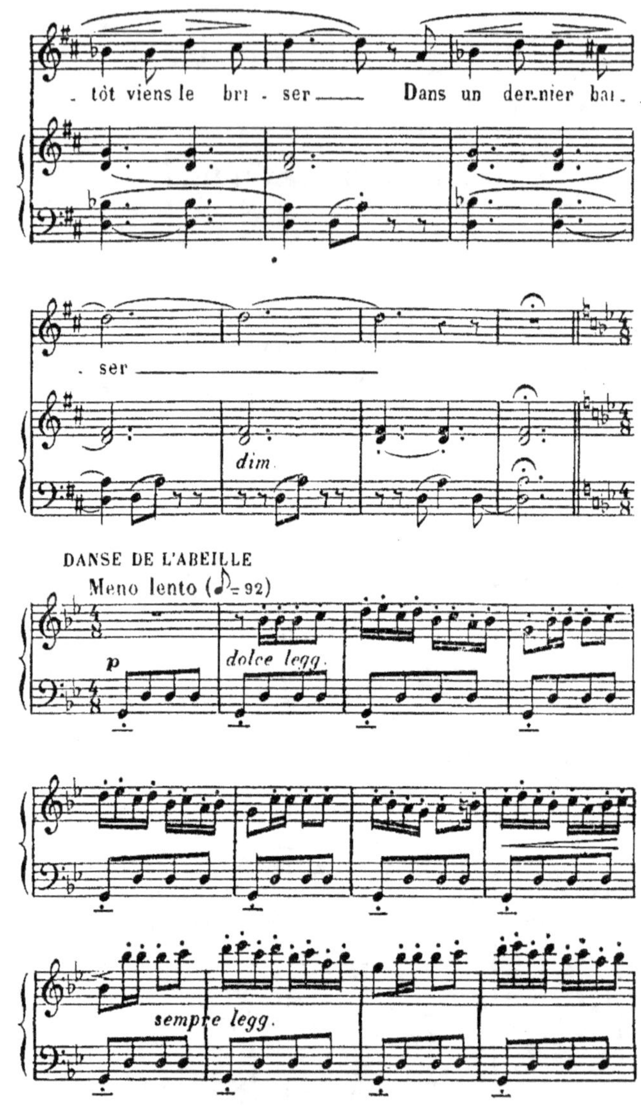
tôt viens le bri - ser____ Dans un der-nier bai -
- ser ____
DANSE DE L'ABEILLE
Meno lento (♪ = 92)
p
dolce legg.
sempre legg.

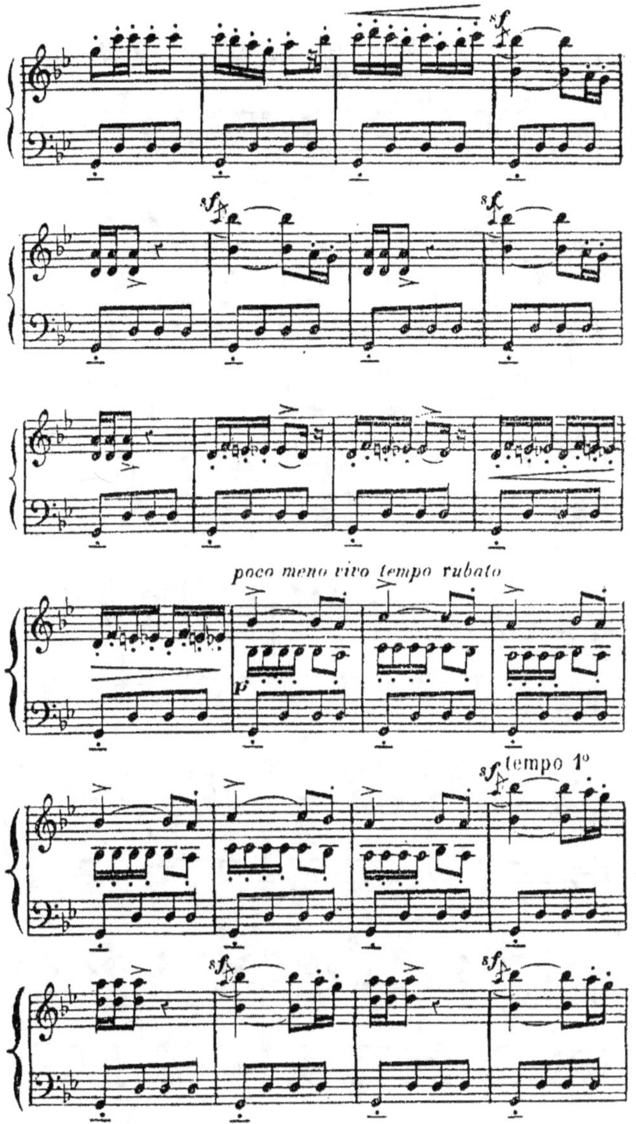
poco meno vivo tempo rubato
tempo 1°

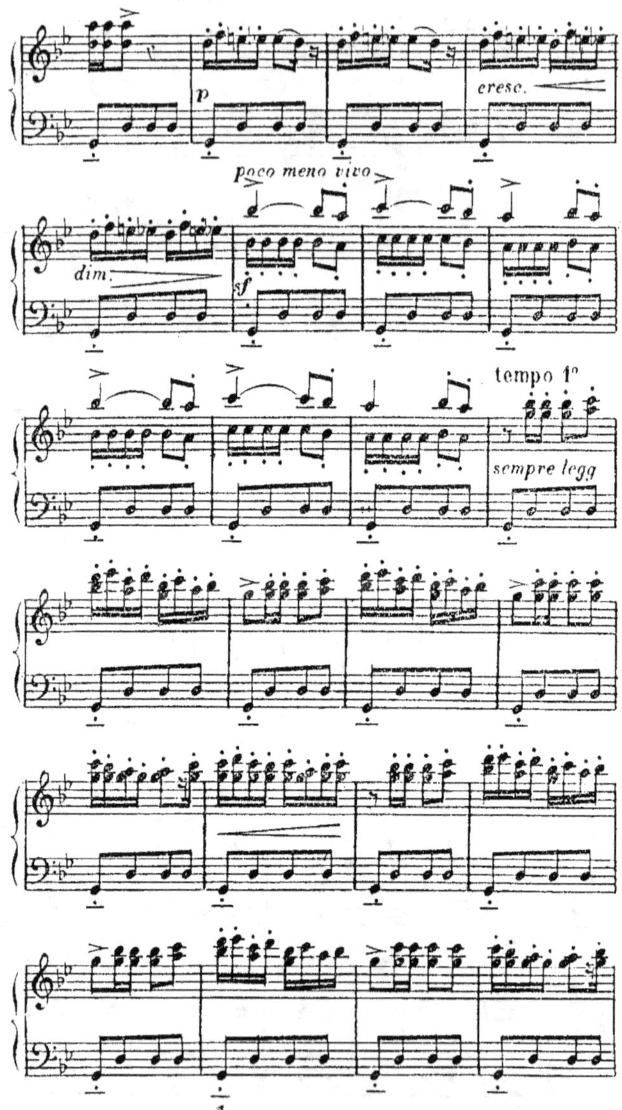

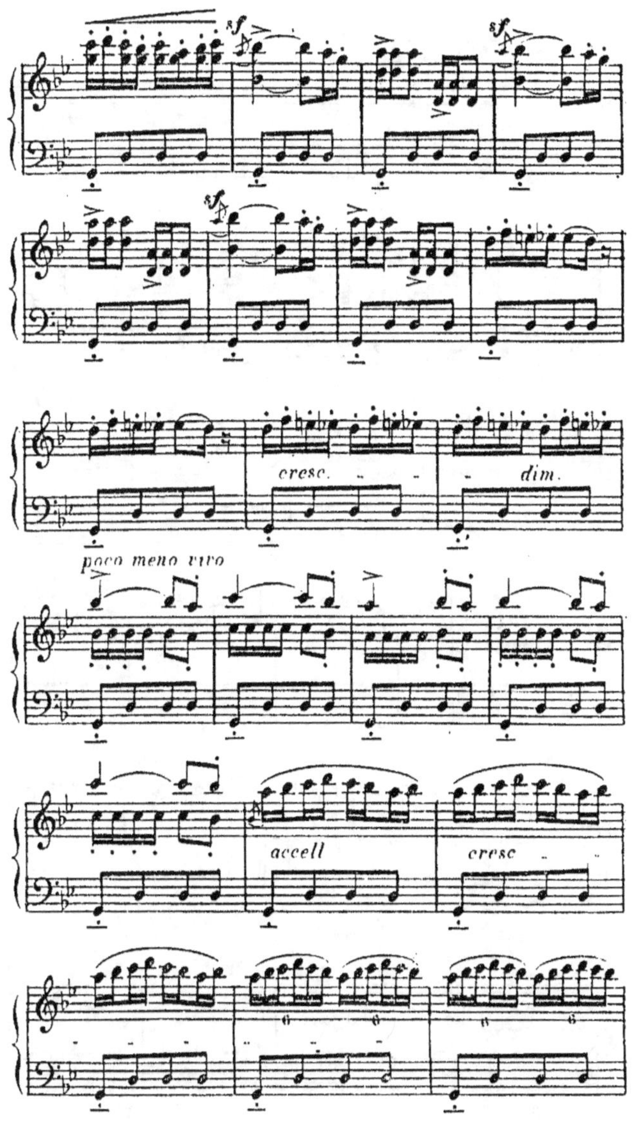
cresc.
dim.
poco meno vivo
accell
cresc
6 6 6 6

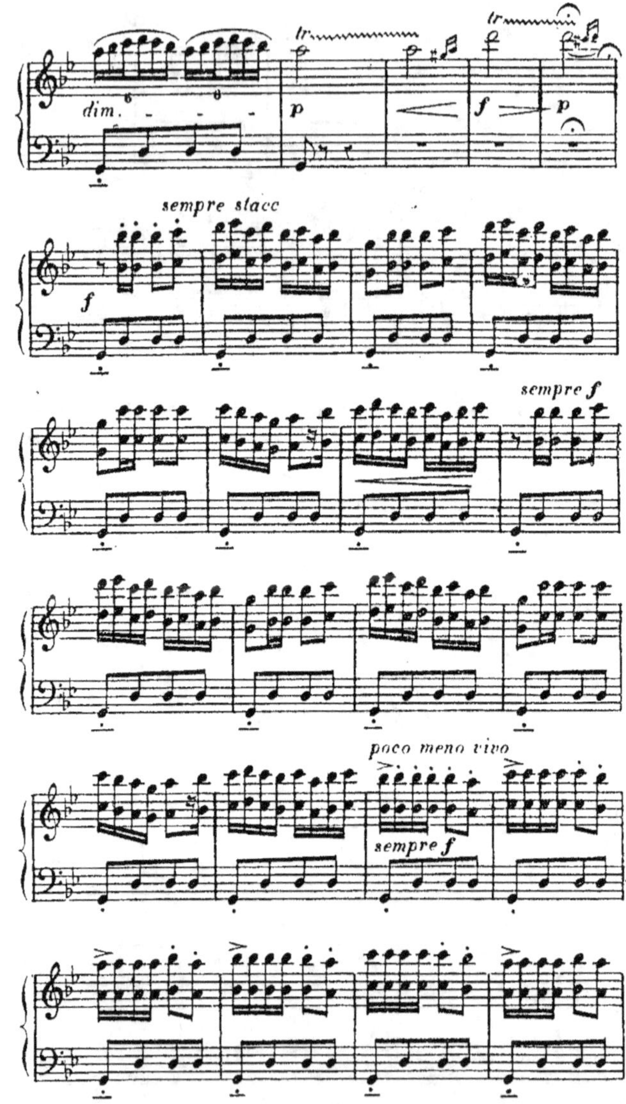
dim.
p
f
p
sempre stacc
f
sempre f
poco meno vivo
sempre f

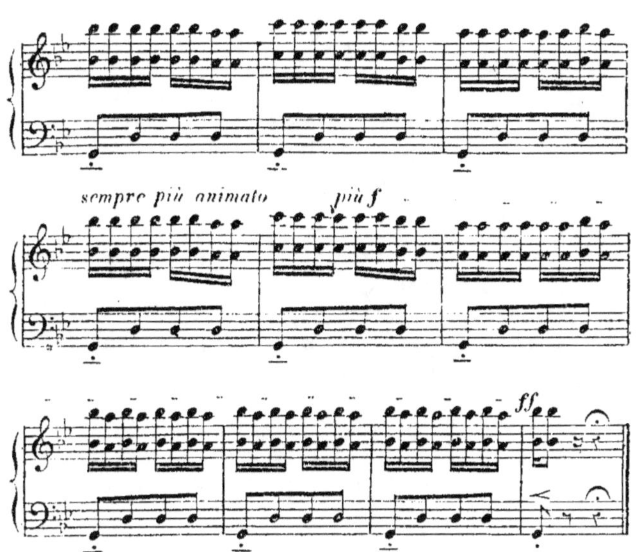

sempre più animato
più f
ff

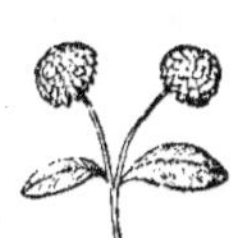

DANSE DES VERRES

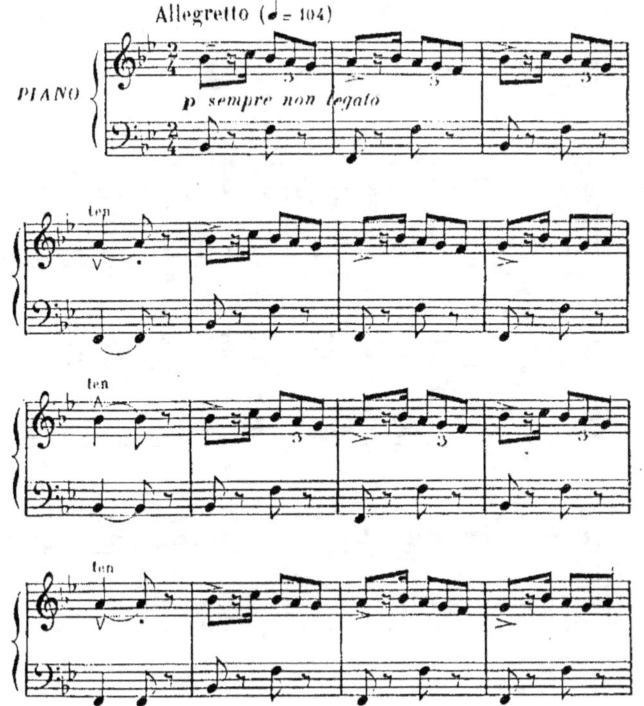

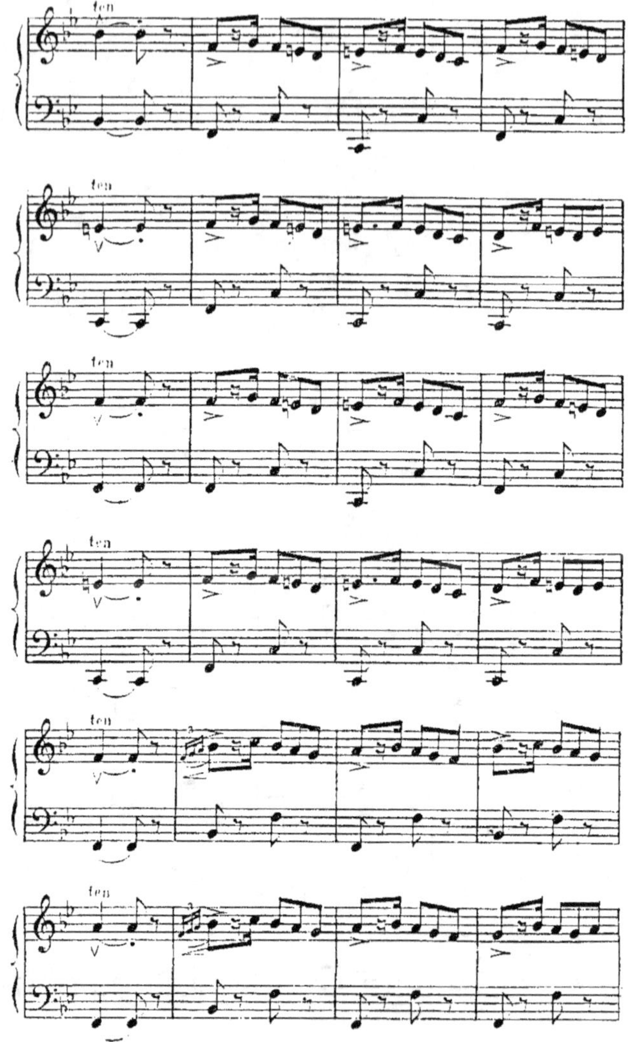

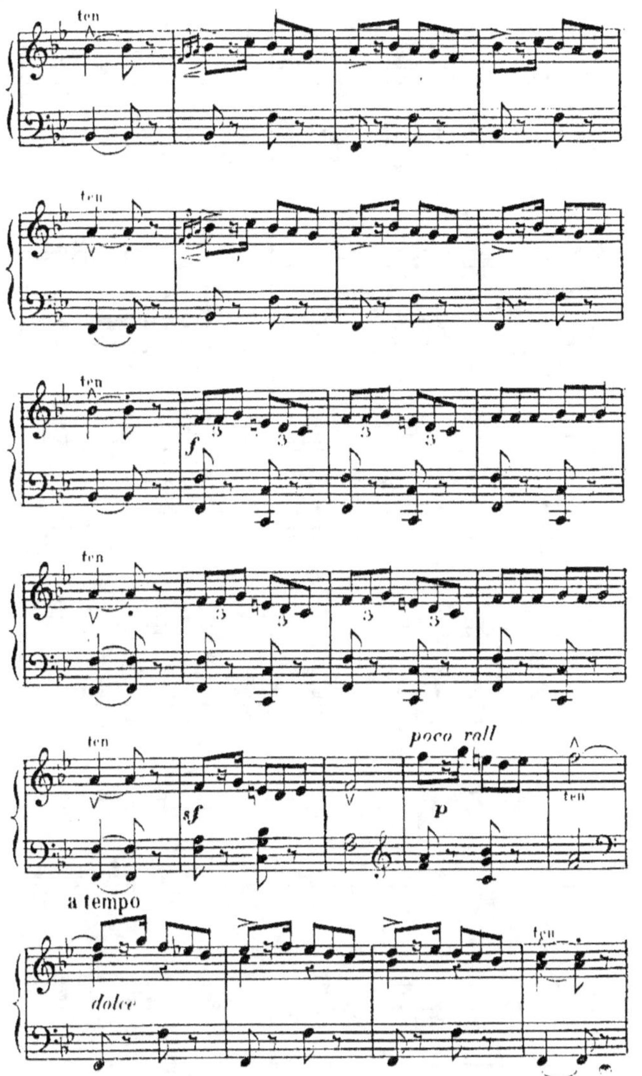
ten
ten
ten
ten
ten
f
poco rall
sf
p
ten
a tempo
dolce
ten

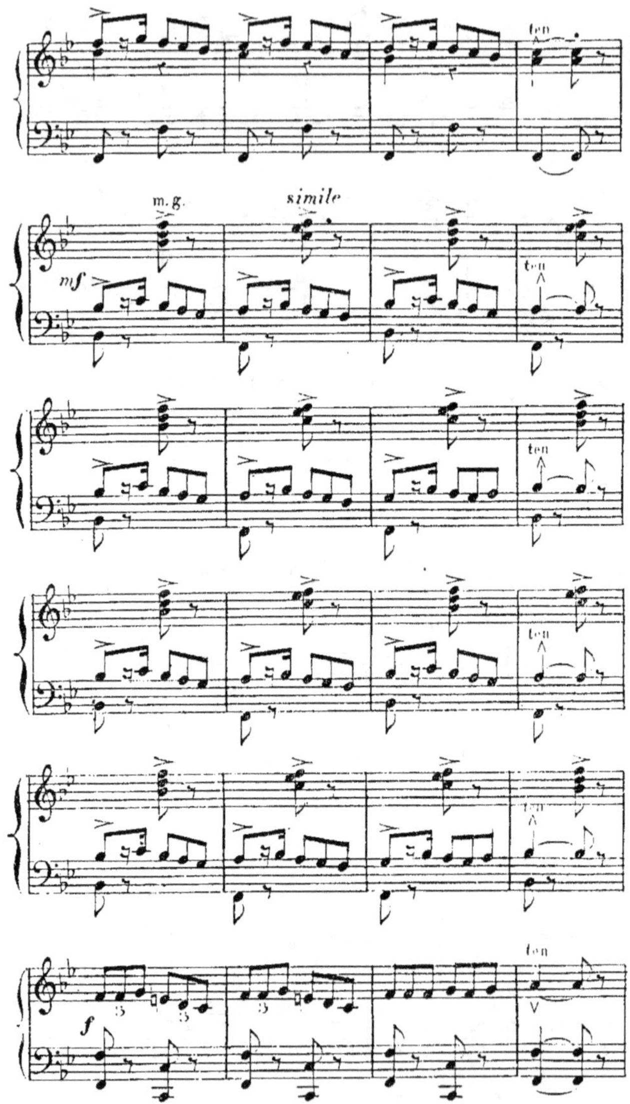

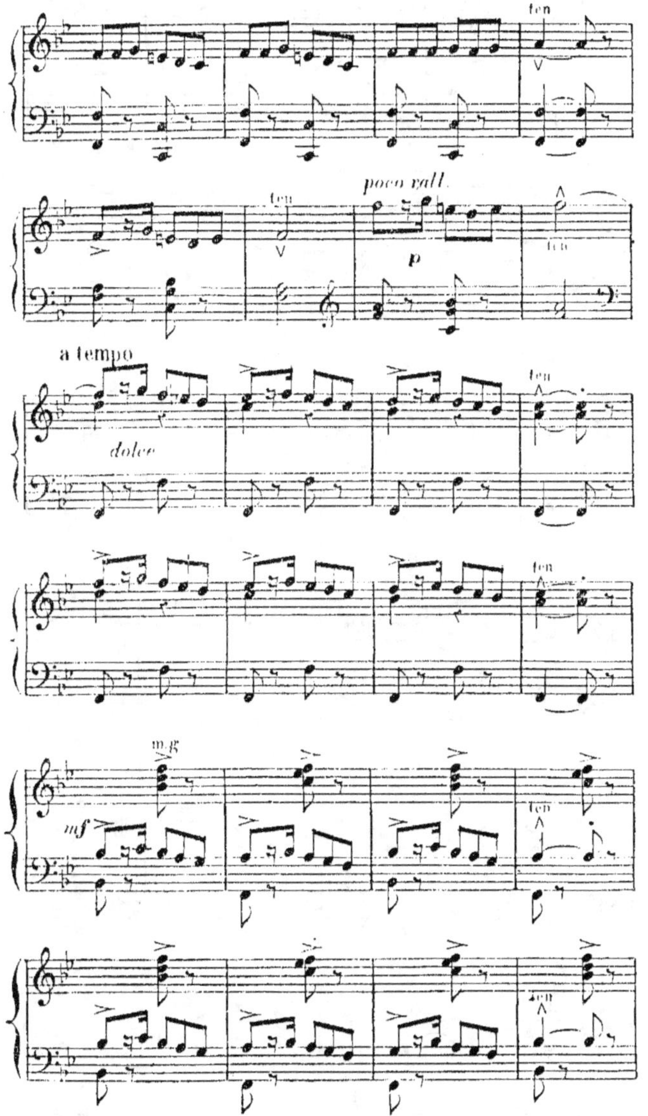
ten
poco rall.
ten
p
ten
a tempo
ten
dolce
ten
ten
m.g
mf
ten
ten

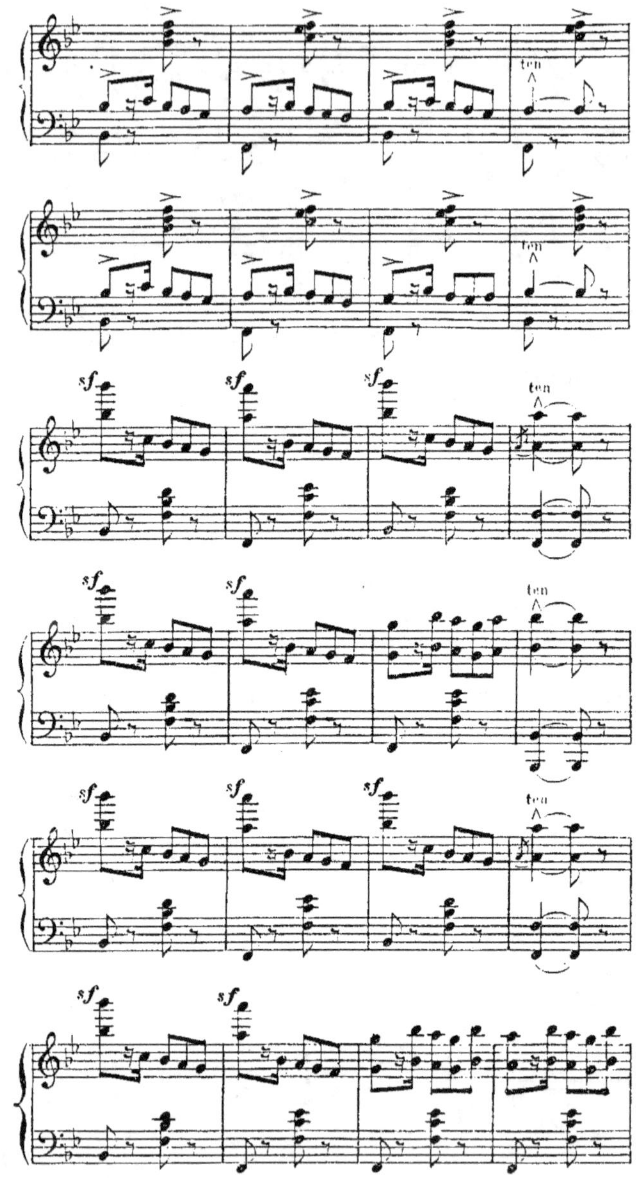

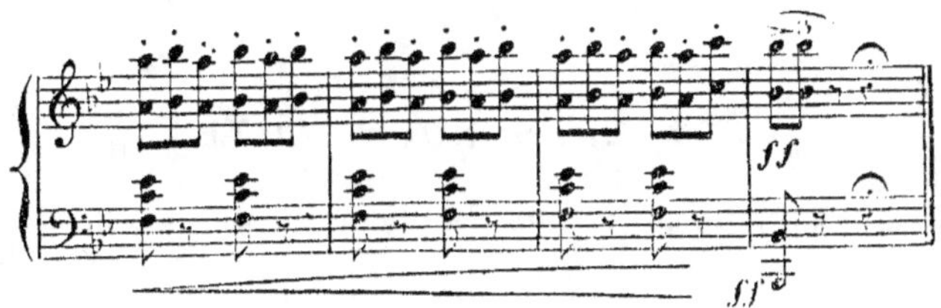
ff
ff

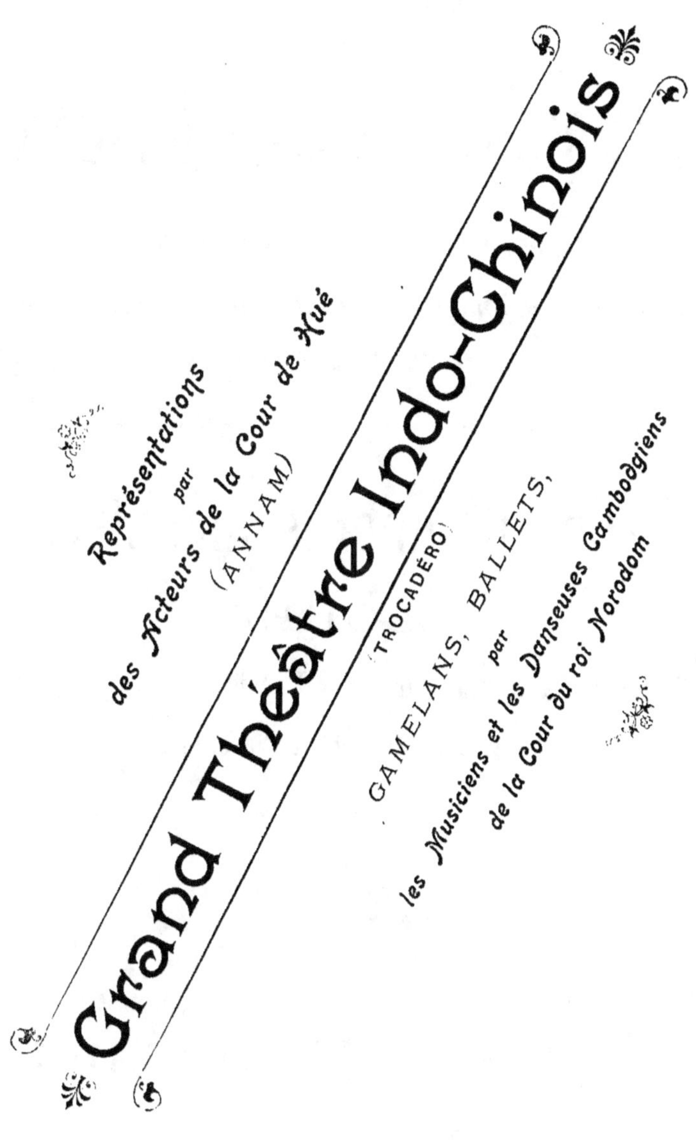

Représentations
par
des Acteurs de la Cour de Hué
(ANNAM)
Grand Théâtre Indo-Chinois
(TROCADÉRO)
GAMELANS, BALLETS,
par
les Musiciens et les Danseuses Cambodgiens
de la Cour du roi Norodom

Le

Théâtre Exotique

Au Panorama animé

Du TOUR du MONDE

DE

LOUIS DUMOULIN

※

✣ Danse Javanaise ✣

CHANT ET DANSE DE CEYLAN

GUECHAS JAPONAISES

Jongleurs Chinois et Hindous

Etc., etc.

Madame Cloitre

CORSETS

18, Rue des Capucines

Palais de l'Egypte

GRAND THÉATRE

TROUPE DE 200 ARTISTES

Égyptiens, Soudanais, Abyssins, Syriens et Arabes

MUSIQUE, CHANTS

Danses de Pages, de Négresses, de **Ghaouasi**,

d'Odalisques, de Courtisanes

DUELS AU SABRE — MARIAGE ARABE

Scène de la vie d'ANTAR

le plus célèbre héros de l'Orient

⇒ Représentations tous les jours de 2 heures à 6 heures ⇐

et de 9 heures à 11 heures